AF312328

ÉLOGE DE BAROCHE

ÉLOGE DE BAROCHE

DISCOURS

PRONONCÉ PAR

AMBROISE COLIN

AVOCAT A LA COUR D'APPEL

SECRÉTAIRE DE LA CONFÉRENCE

A la Conférence des Avocats

Le 16 Avril 1888

IMPRIMÉ AUX FRAIS DE L'ORDRE

PARIS

ALCAN-LÉVY, IMPRIMEUR DE L'ORDRE DES AVOCATS

24, rue Chauchat, 24

1888

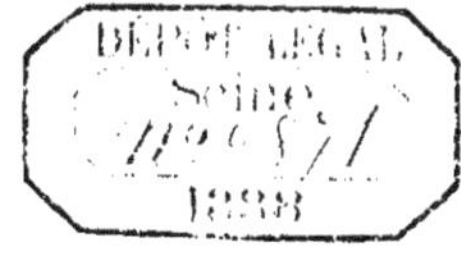

ÉLOGE DE BAROCHE

Monsieur le Batonnier,

Messieurs et chers Confrères,

On rencontre dans la vie de Baroche une variété de situations et d'aspects bien faite pour attirer et pour retenir l'attention. Les premières années de sa carrière nous présentent le spectacle d'une haute réputation judiciaire conquise par un patient labeur, à une époque où le Palais abondait en talents et en renommées. Dans celles qui suivent, nous voyons Baroche échangeant les honneurs paisibles que lui avait décernés notre Ordre pour les périls de la vie publique, conquérant tour à tour les positions les plus élevées, député, ministre, président du Conseil d'Etat, garde des sceaux, chargé d'honneurs et de responsabilités, portant les unes et les autres avec une aisance toujours prête, une facilité de travail, une souplesse d'aptitudes qui le font toujours égal à ses situations diverses. Puis arrive le moment de la retraite; mais, à peine y entre-t-il, que tout s'écroule autour de lui. Cette existence si brillante, si remplie, si fortunée, s'achève dans l'exil, dans la solitude et dans l'angoisse. Mais ce qui domine toute cette vie, ce qui lui donne son vrai caractère et comme son unité, c'est l'empreinte ineffaçable laissée par notre profession dans l'âme, dans le talent de Baroche, et qui, député, ministre, a, toujours et avant tout, fait de lui un grand avocat. Par là il nous appartient, et c'est bien devant vous qu'il convenait de prononcer, à dix-huit années de distance, l'éloge de celui qui, après avoir épuisé la série des dignités humaines, aimait à proclamer qu'à ses yeux la plus glorieuse de toutes était encore le titre d'ancien bâtonnier.

Pierre-Jules BAROCHE naquit le 18 novembre 1802, d'une famille de commerçants parisiens. « Je veux « surtout, en écrivant ces notes », nous dit-il au début d'une autobiographie inachevée qu'un soin pieux nous a communiquée, « je veux que mes enfants me con- « naissent, qu'ils n'oublient pas le point d'où je « suis parti, qu'ils sachent la route que j'ai suivie, « les obstacles que j'ai rencontrés, heureux si mon « exemple peut leur inspirer le goût de ce travail « auquel je dois tout. »

Orphelin en 1813, il ne pouvait compter que sur lui-même pour se faire une place dans le monde. Après de bonnes études au lycée Charlemagne, il fit son droit, en même temps qu'il s'initiait chez un avoué aux règles de la procédure. Dès 1823, il se lançait courageusement dans cette carrière du barreau, dont les perspectives incertaines mais brillantes l'avaient séduit.

Les commencements furent pour lui longs et difficiles. « Je ne fus pas, écrit-il, de ces favorisés qui « ont pour leur cause de début une affaire d'éclat, un « auditoire nombreux, des juges bienveillants et prêts « à leur décerner des compliments officiels. Ce bon- « heur n'arrive qu'à ceux dont le nom est à l'avance « recommandé par la position ou l'illustration de leur « père. Sans appui, sans protection, il m'a fallu élever « péniblement, pierre à pierre, un édifice dont j'ai « été le seul architecte et pour lequel nul ne m'a aidé. »

Il débuta, comme tout le monde, par la Cour d'assises. Sa première cause lui fut commise d'office, en 1823, par M. le conseiller Hardouin. Il s'agissait de défendre un domestique accusé d'avoir volé une épingle en diamant, et qui prétendait l'avoir trouvée, conservée, mais non dérobée. Rappelant lui-même les péripéties de cette première affaire, Baroche raconte qu'il transporta la question sur le terrain du droit, soutint que le fait ne constituait pas la soustraction frauduleuse, élément essentiel du vol. Calme et parfaitement maître de lui, il sut répondre à un

réquisitoire fort étudié, riposter même à une objec-
tion du président, qui lui avait opposé un arrêt de
la Cour de Cassation, par un arrêt de la Cour de Metz.
Ses confrères présents à l'audience, empressés à
le féliciter, ne pouvaient croire qu'il plaidât pour la
première fois. « Bref, tout alla pour le mieux, dit-il
« en terminant, hormis pour mon client, qui fut con-
« damné à quelques années de réclusion. »

Il ne semble pas que ce début, si satisfaisant qu'il
fût... pour le stagiaire, ait été de nature à lui tracer
sa voie. Depuis lors, il ne plaida guère aux assises
qu'à de fort longs intervalles. Les raisons qu'il donne
de cette abstention indiquent suffisamment que la
nature de son talent, pas plus que son tempérament
moral, ne le portaient de ce côté. « Quand je doute de
« l'innocence de mon client, le courage me manque,
« et quand je n'en doute pas, je me passionne trop
« pour sa défense, mes angoisses sont presque aussi
« grandes que les siennes ; dans ces conditions, une
« défense criminelle est pour moi toujours une souf-
« france et quelquefois une maladie. »

Renonçant à la Cour d'assises et se réservant tout
entier pour les causes civiles, il lui fallait du même
coup se résigner à une plus patiente et plus longue
attente. Sur ce terrain, en effet, tout semble concou-
rir à décourager le jeune avocat : la rareté des grandes
affaires, l'immensité de la concurrence, la circons-
pection des clients, la défiance des juges, la sceptique
indifférence de beaucoup d'avoués et d'hommes

d'affaires, de qui dépend la fortune des débutants, mais chez qui la fréquentation des maîtres d'une valeur reconnue et consacrée semble souvent avoir diminué la faculté de deviner les talents qui surgissent et les vocations qui se révèlent. Le Palais est l'image de la Nature. Il abonde en germes de talents, comme celle-ci en germes de vie. On dirait que la Providence les a jetés dans un monde trop étroit pour qu'ils puissent s'y développer tous avec une profusion voisine de l'insouciance et de la prodigalité. Le spectateur qui voit périr stérilement la multitude, sans pouvoir souvent se rendre compte des conditions et des causes qui ont fait prospérer le petit nombre, est tenté d'attribuer à l'aveugle hasard l'heureuse éclosion des uns et l'anéantissement des autres.

Baroche attendit pendant dix ans. Le souvenir de cette période de sa vie perce encore à travers les conseils pleins de sagesse qu'il devait, devenu bâtonnier, adresser aux stagiaires sur ce thème toujours plein d'actualité : *De la nécessité de la patience chez les jeunes avocats*. Enfin, les dossiers arrivèrent à son cabinet, et sa réputation commença à se répandre, le classant parmi les avocats d'affaires utiles et consciencieux. En 1835, il plaidait contre Teste dans un procès qui avait passionné Paris. Il s'agissait de l'incendie du théâtre de la Gaîté. Les propriétaires de la salle intentaient un procès en responsabilité contre le directeur, leur locataire, M. de Pixérécourt, connu dans l'histoire des lettres, par ses mélodrames ridicules et, je crois bien aussi, par les splendeurs de sa bibliothèque. Depuis lors, sa situation grandit rapidement : l'élan était donné. En 1836, nous le voyons plaider contre Chaix d'Est-Ange une affaire de coalition. La même année, il était élu membre du Conseil de l'Ordre.

Cette époque marque, on peut le dire, le point culminant, l'heure critique et décisive dans la carrière de Baroche. « Il fallait, comme il le dit lui-même, « avancer, avancer toujours, et se placer au premier « rang, ou bien redescendre peu à peu et tomber « dans les médiocrités honorables. Je connaissais le « danger et je cherchai, à force de travail, à le con- « jurer. J'y réussis, mais ce ne fut pas sans effort. « Dès ce moment et déjà depuis deux ou trois ans, « je menais une existence tellement laborieuse, que « lorsque, plus tard, arrivé aux affaires, j'eus à sup- « porter des fatigues sous lesquelles d'autres avaient « succombé, elles me parurent légères et j'étonnai « mes collaborateurs par des habitudes et une facilité « de travail qui me permirent de porter, sans trop « d'infériorité, l'énorme fardeau que le hasard avait « fait peser sur moi. » Occupé depuis sept ou huit heures jusqu'au soir par les visites de clients et par les audiences, il ne lui restait, pour la préparation des causes, que les soirées et les nuits. Il rentrait donc dans son cabinet, après avoir passé une heure à peine avec Mme Baroche et ses enfants; il restait au travail jusqu'à une heure, souvent même jusqu'à

deux ou trois heures du matin. « L'hiver, écrit-il,
« lorsque j'allais au spectacle ou dans le monde,
« j'étais forcé de reprendre sur ma nuit le temps
« que j'avais donné à la distraction. Les dimanches
« et fêtes étaient de beaux jours pour moi : j'étais
« libre de travailler toute la journée, et je profitais
« largement de cette liberté. »

C'était l'époque où le Palais commençait à retentir
de ces grandes causes commerciales et industrielles
qu'a fait surgir le développement de la production
économique et qui ont imprimé au talent des grands
avocats modernes un caractère si particulier. Un
nouveau genre naissait pour l'éloquence judiciaire,
genre sévère, technique, scientifique même, mais
étrangement vivant et varié, fait de clarté et de
précision, rehaussé par la grandeur des intérêts dé-
fendus et par cette espèce de poésie qui ressort de
toutes les manifestations puissantes, quelle que soit
leur nature, de l'activité humaine. Jamais, d'ailleurs,
voie nouvelle ne s'était ouverte devant une plus belle
et plus riche génération. Philippe Dupin, Delangle,
Crémieux, Teste, Berryer, Chaix d'Est-Ange, Duver-
gier, Paillet, Marie, Jules Favre, Liouville, Bethmont
jouissaient de l'apogée de leur gloire ou y touchaient.
Tels étaient les hommes, et certainement j'en oublie,
que Baroche allait combattre et qu'il devait égaler.

L'occasion lui fut offerte, en 1838, d'affirmer d'une
façon définitive toute la portée de son talent. Un
procès était intenté en police correctionnelle par les

actionnaires des mines de Saint-Berain aux fondateurs de cette entreprise. Un groupe de spéculateurs avait acheté ces mines pour la somme de 800,000 fr., et avait fait de leur exploitation l'objet d'une Société en commandite par actions. Des prospectus savamment rédigés avaient attiré la foule des actionnaires, qu'avait rassurés le rapport favorable d'un ingénieur suffisamment diplômé. Les fondateurs avaient fait évaluer leur apport en mines à la somme de 3 millions 500,000 fr., et s'étaient fait attribuer un égal chiffre d'actions. On découvrit, l'année suivante, que les mines n'étaient aucunement exploitables, que le rapport de l'ingénieur était aussi mensonger que les prospectus, et que les fondateurs, aussitôt après l'émission, s'étaient hâtés de se débarrasser de leurs titres à la faveur de l'élan factice que leur impudente réclame avait suscitée sur les valeurs de la Société. Nous avons vu depuis tant d'affaires de cette nature, que nous sommes un peu blasés, mais le public d'alors ne l'était pas. L'opinion s'émut d'autant plus de ce scandale, qu'il coïncidait avec la ruine de plusieurs autres Sociétés plus ou moins frauduleuses dont les réclames de la presse, transformée récemment par M. de Girardin et devenue un instrument de spéculation, avaient seules enfanté le succès éphémère. Baroche, conjointement avec Berryer, fut chargé des intérêts des actionnaires; leurs adversaires furent Crémieux, Teste, Dupin et Delangle. Déboutés en première instance, après quatre jours de débats passionnés, les plaignants réussirent en appel, et la Cour condamna les prévenus à trois ans de prison. Ce succès, sans vouloir rien enlever à la mémoire de Berryer, était bien dû aux plaidoyers de Baroche, véritables chefs-d'œuvre en leur genre. Il fut sacré le premier des avocats d'affaires, par la condamnation qui frappa les fondateurs de la Société de Saint-Bérain, sans décourager, comme l'avait espéré la Cour, leurs imitateurs futurs.

L'année suivante devait être pour lui l'occasion d'un nouveau triomphe avec une gigantesque affaire de coalition dont il supporta seul le poids. Une entreprise de transport et de roulage, la Compagnie des Messageries françaises, s'était fondée depuis deux ans. L'industrie qu'elle prétendait exercer n'était alors exploitée que par deux Compagnies, les Messageries royales, les Messageries Laffitte et Caillard. D'abord rivales, soutenues par des ressources égales, elles avaient fini par trouver plus avantageux de s'entendre et de se réserver ainsi les bénéfices communs d'un véritable monopole. Les Messageries françaises tentèrent cependant la lutte; mais au bout de vingt et un mois, épuisées par leurs efforts, elles portèrent plainte contre les deux entreprises coalisées. Le choix des Messageries françaises se fixa tout naturellement sur Baroche, qui s'adjoignit Teste, alors bâtonnier. Celui-ci avait laissé à son confrère le soin de la plaidoirie et s'était réservé la réplique, mais la mort de sa fille, survenue quelques jours avant

l'audience, ne lui permit pas d'assister aux débats.
Seul, en face d'adversaires tels que Dupin, Delangle
et Chaix d'Est-Ange, Baroche ne manqua pas de
tirer parti de cette situation même. « Vous savez,
« dit-il, par suite de quelles douloureuses circon-
« stances, l'appui de notre bâtonnier nous manque
« aujourd'hui. Il semble que, par une fatalité incon-
« cevable, il a fallu que devant vous, comme sur
« les routes, dans la lutte judiciaire comme dans
« la lutte industrielle, les Messageries françaises ne
« pussent jamais combattre leurs adversaires a
« armes égales, et que, dans cette enceinte même,
« privées qu'elles sont de leur principal défenseur,
« elles trouvent encore une coalition de forces et de
« talents plus redoutable que celles qu'elles ont eu à
« combattre sur les routes françaises. » Ce n'était
là qu'une habile précaution oratoire, car en réalité
jamais avocat ne se montra plus à la hauteur de sa
tâche. Il sut, tant dans la plaidoirie que dans la
réplique, tenir tête à Chaix d'Est-Ange et à Delangle
à l'argumentation vigoureuse, au ton d'imposante
autorité de celui-ci, à la verve légère et sarcastique
de celui-là, démontrer l'application à l'espèce de
l'article 415 du Code pénal, faire ressortir la dé-
loyauté des manœuvres employées, intéresser au succès de ses clients les grands principes de justice et
d'égalité devant la loi. « Adjugez-leur la route de
« France, ou accueillez notre plainte, voilà tout le
« procès », dit-il en terminant, et le Tribunal par un

Durant tout le cours de sa vie, tant au ministère que dans son cabinet d'avocat, Baroche a formé plusieurs collaborateurs. Il en est d'éminents qui ont marqué brillamment leur place dans la magistrature ou dans l'administration. L'un d'eux honore actuellement notre barreau et son conseil. Tous ont conservé de la parole et des procédés du maître un souvenir identique dont je voudrais être plus digne de formuler l'expression.

Baroche fut avant tout un avocat utile, utile à ses clients dont il étudiait les affaires avec une conscience scrupuleuse, attestée par le développement de ses notes de plaidoirie, presque toutes exclusivement personnelles; utile aux magistrats, qu'il savait mettre au courant du débat tout entier, sans en rien omettre, sans en rien dissimuler, avec une clarté, une lucidité en quelque sorte transparente; utile à ses adversaires mêmes, qui n'avaient, pour ainsi dire, rien à retoucher à l'exposition que, demandeur, il avait faite de la cause. On ne trouve pas dans ses plaidoiries la forme brillante, la magnificence de langage, le souci esthétique qu'on rencontre chez un Jules Favre ou chez un Berryer. C'est par la force de la logique qu'il s'imposait, par la seule puissance de l'argument, puissance d'autant plus redoutable que l'auditeur était pénétré tout entier par les idées et les faits mêmes, sans pouvoir se distraire un seul instant au détail de leur parure. Les appels à la raison, au sens commun formaient le fond de son argumentation. Pour ce qui est du droit, il excellait à en invoquer bien haut les principes, tout en persuadant l'auditeur que la science n'est pas indispensable pour trancher les plus difficiles questions juridiques, et que le bon sens peut, à la rigueur, y suffire. Il savait qu'il est des juges dont l'avocat flatte ainsi les secrets penchants et qui lui seront reconnaissants d'une pareille démonstration. D'ailleurs, il semblait éviter avec une sorte de parti-pris les effets d'audience, les mots retentissants, les périodes savantes, tout ce qui peut mettre en relief la personnalité de l'avocat. L'orateur disparaissait, mais la cause était vivante.

La force de l'orateur ne vient pas seulement de sa parole, elle vient aussi de son caractère. D'un cœur bienveillant et généreux, d'une délicatesse scrupuleuse, d'une véracité absolue, Baroche donnait à tout ce qu'il prononçait une couleur d'honnêteté et de loyale défense qui n'inspirait pas seulement de l'estime pour sa personne, mais impressionnait favorarablement le juge en faveur de la cause. Il n'était pas jusqu'à sa belle prestance, à sa haute et droite stature, au port élégant et même majestueux de sa tête, aux manières de gentilhomme qu'il portait à la barre, comme dans les relations mondaines, qui n'inspirassent la confiance et la sympathie.

Malgré le soin minutieux qu'il apportait à la préparation du dossier, Baroche improvisait entièrement la forme de ses plaidoyers. Lui-même nous le révèle dans ses notes autobiographiques. Il nous y

apprend aussi, avec une modestie touchante chez un
orateur de ce rang, qu'il ne se levait jamais à la barre
ni ne montait à la tribune sans un sentiment de pro-
fonde angoisse. Mais il se maîtrisait aussitôt. Dès les
premiers mots prononcés, c'est l'esprit entièrement
calme et lucide qu'il développait ses arguments. Les
incidents, les interruptions ne faisaient que l'aiguil-
lonner et lui fournissaient parfois des effets heureux.
Je n'en veux pour exemple que ce récit, que je lui
laisse faire :

« Je me rappelle que dans l'affaire du testament
Guénin (affaire Valpinçon), je plaidais devant la
Cour, luttant contre la demande d'enquête qui avait
été accueillie par le Tribunal. Je cherchais à démontrer, soit qu'une telle enquête était inutile en
présence des faits qui établissaient dès lors la vali-
dité du testament, soit que dans une affaire aussi
grave on risquait de ne rencontrer que des témoins
passionnés, intéressés peut-être à la nullité du testament. Tout à coup je m'entendis interrompre avec
violence par une femme placée assez près de moi.
Je me retournai et reconnus une cousine du testa-
teur, qui peut-être avait espéré que son nom figu-
rerait au testament, et qui était un des principaux
témoins invoqués par l'adversaire. »

« Savez-vous, m'écriai-je aussitôt en me retour-
« nant vers la Cour, quelle est la personne qui m'in-
« terrompt ? C'est la dame X..., c'est le principal
« témoin de la cause adverse ; car c'est de son

« témoignage qu'on veut faire dépendre le sort de
« ce grave procès. Vous pouvez, dès à présent, juger
« de son impartialité, de la confiance qu'on pourrait
« accorder à sa déposition. La voilà à votre barre,
« côte à côte avec les adversaires, écoutant nos plai-
« doiries, préparant à l'avance, suivant le besoin de
« sa cause, la déposition qu'elle aura plus tard à faire.
« La voilà, en attendant qu'elle joue le rôle de
« témoin, venant en aide à l'avocat de la partie
« adverse, lui suggérant des objections, et assez
« peu maîtresse d'elle-même pour oublier le res-
« pect dû à votre audience et interrompre l'avocat
« qui a l'honneur de plaider devant vous. Ordonnez
« maintenant une enquête : vous avez déjà un spé-
« cimen des témoins qu'on a préparés contre nous. »
« — Ce petit incident, ajoute-t-il, parut faire quelque effet sur la Cour, et je remarquai que, dans le
camp adverse, on grondait bien fort la dame X...
de son emportement. »

Un si rare ensemble de grandes et belles qualités,
un esprit si souple et si ouvert vont rarement sans
ambition. Baroche était ambitieux. Comme la plupart
des avocats de cette génération, il aspirait à la vie
publique. Après quelques tentatives infructueuses
dans l'arrondissement de Mantes, il fut élu député,
en 1847, par une circonscription de Rochefort. Le
suffrage restreint acceptait parfois alors des candida-

tures exotiques sur la foi des comités, et les partisans
du suffrage universel en tiraient volontiers un argument dont il nous est permis aujourd'hui de mesurer
la valeur. Venu le vendredi, Baroche avait vu les élec-
teurs le samedi, il avait vaincu le dimanche. Heureuse
ou malheureuse élection, qui fit un député de plus et
un grand avocat de moins. La vie de Baroche appartient désormais à l'histoire.

Il entra dans la dernière Chambre de la Monarchie
de Juillet juste à temps pour s'enrôler sous la ban-
nière de l'opposition dynastique, dirigée par M. Odilon Barrot, et pour signer la demande de mise en
accusation du ministère Guizot. Peu après, Louis-
Philippe était renversé, un nouveau régime établi.
Renvoyé à la Constituante par le département de la
Charente-Inférieure, Baroche prit une part réelle,
mais peu bruyante, aux travaux de cette Assemblée.
Lorsque l'élection de décembre 1848 eut, à la surprise
universelle, élevé le prince Louis Bonaparte à la
Présidence de la République, M. Odilon Barrot, qui
devint son premier ministre, se souvint de son ancien
collaborateur, et il offrit à Baroche d'être procureur
général. Ce dernier accepta. Beaucoup l'estimaient,
heureux d'entrer ainsi dans les hautes fonctions pu-
bliques. Nous permettra-t-on du moins de mentionner
à ce propos un détail tout intime et peut-être indis-
cret ? Depuis plusieurs années Baroche s'était fait au
barreau une situation pécuniaire sept ou huit fois

supérieure au traitement du procureur général, qui venait d'être réduit à 18.000 francs. Ce n'est pas de lui qu'un spirituel académicien eût pu dire qu'il est entré aux affaires comme on se met dans les affaires.

Le poste de procureur général était alors un poste de combat. Ces terribles années, si remplies d'événements et de surprises, virent, entre autres spectacles, de retentissants procès politiques. Tel fut celui de Barbès, Blanqui, Albert, Flotte et Sobrier, instigateurs et chefs de l'attentat dirigé le 15 mai contre l'Assemblée nationale, sous le prétexte d'une manifestation en faveur de la Pologne. Ce fut Baroche qui soutint l'accusation devant la Haute Cour de Bourges. Ce fut également lui qui poursuivit devant la Haute Cour de Versailles les accusés du 13 juin, Ledru-Rollin, Considérant, Boichot et Félix Pyat. Lorsque le Prince-président, rompant avec ses ministres parlementaires, résolut de s'entourer d'hommes plus dévoués à sa politique personnelle, il pensa à l'éloquent procureur général qui venait de se distinguer ainsi par son énergie, pour remplacer M. Léon Faucher, ministre de l'intérieur. C'est le 15 mars 1850 que Baroche prit possession de son nouveau poste, réalisant ainsi ce rêve de pouvoir qui, trois ans auparavant, l'avait fait se jeter dans la politique active. Il devait, sauf une légère interruption, demeurer ministre ou occuper des fonctions équivalentes pendant près de dix-huit ans.

Détail piquant à plus d'un titre, c'est sous les aus-

pices de M. Thiers que Baroche s'installa au ministère
de l'intérieur. « Vous êtes un homme d'esprit et de
« cœur que nous appuierons de toutes nos forces,
« lui écrivait ce dernier. Comptez sur moi en parti-
« culier. Dans des temps comme ceux-ci, on doit son
« concours aux hommes qui savent se dévouer. » La
sympathie qui se révèle dans ce billet, fortifiée encore par la part commune que son auteur et le nouveau ministre prirent à la fameuse loi du 31 mai,
restrictive du Suffrage universel, devait résister aux
divergences politiques qui les séparèrent peu après,
lorsque le Président se mit à gouverner contre la
Chambre, à l'établissement même de l'Empire, et à
la retraite forcée qu'il amena d'abord pour M. Thiers.
Elle ne se changea en indifférence qu'aux dernières
années de l'Empire, à la suite de la discussion d'une
loi sur la presse, où Baroche avait commis l'impru-
dence d'opposer aux déclarations libérales de son
ancien ami le texte assez dissemblable d'un discours
qu'il avait prononcé naguère, sous la monarchie de
Juillet, contre cette même liberté de la presse, objet
de ses apologies depuis que le cours des temps en
avait fait un opposant.

C'est là un des rares exemples de personnalités que
l'on puisse rencontrer dans les discours de Baroche.
Il ne les aimait pas, en général, et rayait soigneuse-
ment des notes préparées par son secrétaire les traits
qui présentaient trop de ressemblance avec un argument *ad hominem*. Je ne connais, outre celui-ci, qu'un

seul cas où il se permit, à la tribune, une attaque personnelle contre un adversaire, et nous verrons que
cette attaque ne lui a pas porté bonheur.

C'était dans la séance du 18 juillet 1851. Victor
Hugo avait, dans un discours de la veille, attaqué le
ministère avec la dernière violence et flétri, avec un
grand étalage d'enthousiasme républicain, ses agisse-
ments réactionnaires. Baroche se contenta, pour toute
réponse, de rappeler les antécédents monarchiques
du grand poète, son adversaire, ses circulaires
conservatrices de 1848, son adhésion au comité
électoral réactionnaire de la rue de Poitiers, et il ter-
mina par ces paroles méprisantes : « Il y a, messieurs,
« des attaques auxquelles on ne doit répondre qu'en
« montrant d'où elles viennent. C'est ce que j'ai fait ;
« je n'ai plus à m'occuper de M. Victor Hugo. » Il ne
faut jamais battre une femme, même avec une fleur,
dit un proverbe hindou. La sensibilité, l'irritabilité
de l'épiderme sont, chez les poètes, presque fémi-
nines. Baroche dut en faire l'expérience en lisant
plus tard *les Châtiments*.

Ce n'est pas seulement Victor Hugo qui s'est montré
sévère pour Baroche. Sa carrière politique a été rigou-
reusement appréciée par des hommes plus impartiaux
et nullement passionnés. On lui a vivement reproché
son adhésion à la politique impériale avant et après le
Coup d'Etat de décembre 1851. On s'est plu surtout
à opposer cette attitude à celle qu'il avait prise naguère à l'encontre du ministère Guizot, dont il avait,

« devançant, suivant une parole imprudente, la justice
du peuple », demandé la mise en accusation. L'histoire, plus indulgente que nous ne pouvons l'être aux
variations politiques, reconnaîtra que cette mobilité
d'opinion qu'on lui reproche fut plus apparente que
réelle, et qu'en accusant sa versatilité on fait le procès
des circonstances et, disons-le, hélas! de la nation
tout entière.

La grande erreur du roi Louis-Philippe avait été de
croire qu'il ferait de la bourgeoisie une classe politique. Cette bourgeoisie abattit son trône, qu'au fond
elle aurait voulu conserver, et, croyant préparer des
réformes, ouvrit la porte à la Révolution.

La République une fois proclamée en 1848, l'intérêt
de la France eût voulu que tous les partis se rallias_
sent patriotiquement à la forme nouvelle du gouvernement et que chacun travaillât, dans la mesure de
ses forces, à l'établissement d'une démocratie sage,
pacifique, réformatrice et modérée tout à la fois. Mais
les circonstances y prêtaient-elles, et, en tout cas, les
hommes ne manquèrent-ils pas aux circonstances?

La plupart des républicains de 1848 semblent avoir
eu, suivant le mot profond de M. de Maistre, « le
« pouvoir d'agiter la multitude, sans celui de la domi-
« ner, véritable cachet de la médiocrité dans les
« troubles politiques ». Les violences de la Montagne,
les manifestations révolutionnaires de la rue, et
bientôt le drame sanglant des journées de juin chan-
gèrent l'étonnement de la France en terreur. Libre à

nous de sourire aux évocations surannées du spectre rouge. L'étude attentive des documents de cette époque prouverait peut-être que de telles frayeurs n'étaient que trop justifiées. On y verrait, par exemple, que le programme du parti montagnard comportait la délivrance immédiate de la Pologne et de l'Italie, c'est-à-dire que son avènement aurait été suivi d'une déclaration de guerre à la Prusse, à l'Autriche et à la Russie, et eût risqué d'amener à brève échéance l'écrasement et le démembrement de la France.

Baroche ne fit donc, en somme, que partager les impressions successives de la classe sociale à laquelle il appartenait. « Il y a des gens, disait-il dans une « séance du 21 mars 1850, répondant à ceux qui « lui reprochaient sa rupture avec ses anciens amis « politiques, il y a des gens qui, sans le vouloir « sans doute, font plus de mal à la liberté qu'ils « déclarent aimer, que les plus grands ennemis de « cette liberté... Oui, j'ai tenu le langage que te- « naient d'autres personnes en 1848, mais peut-être « la manière dont j'ai vu plus tard que ces mêmes « personnes comprenaient la liberté, m'a-t-elle fait « enfin comprendre que si nous avions un moment « parlé le même langage, nous n'avions jamais eu « la même pensée. »

Les événements de Décembre 1851 trouvèrent Ba-roche simple représentant. Il avait quitté le ministère depuis que le Président s'était personnellement posé en protecteur du Suffrage universel, que lui-même avait combattu dans la loi du 31 mai. Sa participation au Coup d'Etat fut donc nulle. Je dis mal : il s'y mêla, mais ce fut pour sauver plusieurs anciens confrères menacés de la déportation. L'un des premiers actes du gouvernement, après la dispersion de la Chambre, fut de l'appeler à présider la Commission consultative, qui remplaça les anciens pouvoirs publics avant la promulgation de la Constitution de 1852. Enfin, lorsque le Conseil d'Etat fut réorganisé, il fut mis à sa tête, d'abord avec le titre de Vice-Président, la présidence appartenant de nom au chef de l'Etat lui-même.

On éprouve encore aujourd'hui quelque difficulté à parler de l'Empire et de ses ministres. Le coup de force dont il est issu, et plus encore la catastrophe de 1870, qui semble lier le souvenir de ce régime à l'invasion et à la ruine de la France, empêcheront longtemps notre génération de traiter un pareil sujet, avec l'impartialité nécessaire à l'histoire. Cependant, un moment viendra où, recouvrant notre liberté d'esprit, nous pourrons, sans prétendre absoudre ce que la conscience humaine n'absoudra jamais, rendre justice aux efforts patriotiques de beaucoup des hommes de l'Empire et aux résultats heureux qu'ils atteignirent sur bien des points. Peut-être la tâche de l'historien sera-t-elle plus facile pour Baroche que pour beaucoup d'autres, car son nom reste attaché à la partie la moins contestable de l'œuvre à laquelle il se consacra avec ardeur, parce que (j'emprunte les paroles textuelles d'un témoin autorisé) « il crut, en servant la politique impériale, servir les intérêts de la France ».

On peut juger sévèrement la Constitution de 1852, mais il faut savoir reconnaître la haute valeur de l'une des institutions sur lesquelles elle s'appuyait, je veux parler du Conseil d'État. C'est ce grand corps qui a constitué le rouage principal, essentiel du gouvernement pendant les années de prospérité du second Empire ; c'est lui qui donna alors l'impulsion directrice à toute la machine administrative et législative. Par la variété, la fécondité de son œuvre ; par la compétence, l'autorité, et il faut le dire aussi, par l'indépendance, la dignité de ses membres les plus éminents, il méritera d'être rapproché, par l'historien, de ce Conseil d'État du Consulat et de l'Empire auquel la France moderne doit son organisation. Ce sera donc pour la mémoire de Baroche un honneur durable de s'être montré pendant onze années à la hauteur de ses fonctions de président du Conseil d'État. Ceux à qui il a été donné de coopérer au fonctionnement de cette grande institution se rappellent non seulement la dignité parfaite de son maintien, la promptitude, la facilité élégante de son langage, son habileté à diriger les discussions, mais encore le goût de l'indépendance et le libéralisme d'esprit qui le portaient à souffrir patiemment toutes

les contradictions, et qui, par une sorte de coquet-
terie, lui faisaient même, après un débat animé,
manifester un empressement plus marqué près de
ceux qui s'étaient montrés ses adversaires. On cher-
cherait vainement dans sa conduite à l'égard des
membres de tout ordre du Conseil un acte de favori-
tisme ou d'iniquité. Bienveillant à la jeunesse des
auditeurs qui se formaient sous sa direction à la
pratique et au sens des grandes affaires, il ne leur
permit jamais de supposer qu'il pût y avoir d'autres
titres à sa faveur que l'honnêteté et la capacité.

Mais, toute considérable qu'elle fût, ce n'était
point là la seule charge qui pesât sur ses épaules.
Les ministres n'étaient pas responsables devant la
Chambre, et c'était au président du Conseil d'État
qu'incombait la tâche de porter la parole au nom du
gouvernement devant le Corps législatif. On peut
dire sans exagération, que pendant onze années,
Baroche a été devant cette Assemblée l'avocat du
régime impérial, avocat aussi habile, aussi consciencieux, aussi utile que lorsqu'il plaidait devant les
corps judiciaires les grands procès qui avaient con-
sacré sa réputation. Son talent s'était élevé, affermi,
il avait acquis plus de plénitude, plus d'autorité,
comme il convient à un avocat que la composition
du Tribunal rend à peu près sûr de l'issue favorable
des débats. A partir de 1860, il reçut un collaborateur digne de lui dans la personne de M. Billault
qui, avec le rang de ministre sans portefeuille, eut

mission de défendre tout spécialement la politique
extérieure de l'Empire. La parole agile, incisive,
toujours élégante et souvent élevée de M. Billault,
son argumentation ingénieuse et pressante, relevée
de je ne sais quel éclat littéraire, exerçait peut-être
plus de séduction que celle de Baroche. On peut dire
qu'ils auraient fait à eux deux un orateur parfait
si on avait pu réunir et comme fondre leurs qualités diverses dans un ensemble où Baroche aurait
apporté ses hauts mérites de *debater* sans rival, la
mâle simplicité, l'abondance d'arguments, la con-
naissance exacte et comme la divination du point
délicat et décisif de la discussion qui caractérisaient
son éloquence.

La Constitution de 1852 devait, dans la pensée de
Napoléon III, s'élargir peu à peu et se modifier dans
un sens parlementaire, à mesure que le régime serait
mieux établi. En 1863, M. Rouher remplaça Baroche
à la présidence du Conseil d'Etat, et ce dernier
devint ministre responsable de la justice et des
cultes. Il occupa ce poste jusqu'au 17 juillet 1869.
A cette époque il devait se retirer du ministère pour
ne conserver que les fonctions de sénateur qu'il
occupait depuis 1864.

La meilleure manière de juger un homme c'est de
faire parler ses œuvres. L'œuvre de Baroche dans la
politique impériale, c'est la part prépondérante qu'il
prit, soit comme président du Conseil d'Etat, soit
comme garde des sceaux, à l'élaboration des lois

importantes et bienfaisantes qui modifièrent, perfectionnèrent notre législation, dans un sens constamment libéral. Abolition de la mort civile, remaniement du Code pénal, adoucissement des peines, institution du casier judiciaire, simplification de la procédure en cas de flagrant délit, restriction de la durée de la détention préventive, voilà ce que l'humanité doit à Baroche dans la sphère du droit criminel. Et comment oublier dans le domaine du droit privé l'abolition de la contrainte par corps, le remaniement complet du système hypothécaire, l'organisation de la propriété littéraire, la protection assurée aux marques de fabrique, la refonte des lois sur la naturalisation, la législation libérale des Sociétés? Comment oublier dans l'ordre administratif le grand décret de 1862, portant règlement général de la comptabilité publique, et dans l'ordre économique la coopération puissante apportée par lui aux traités de commerce de 1860, qui devaient, pendant quinze ans, enrichir les agriculteurs et les industriels français?

L'importance d'une telle œuvre, moins brillante aux yeux de la foule que celle d'un tribun ou d'un chef militaire, plus considérable assurément aux yeux du philosophe et du politique, donne à Baroche des titres à la reconnaissance nationale et permet de lui appliquer en toute équité le jugement élevé que lui-même portait en 1855 aux funérailles de M. Bineau. « Pour les gens de cœur, le pouvoir, les « hautes fonctions ne sont pas un vain ornement et,

« pour ainsi dire, une parure extérieure. C'est une
« tâche lourde et poignante, impérieuse comme le
« devoir, sévère comme la conscience, et qui use
« vite l'homme de bien qui s'y est dévoué tout
« entier. »

Le malheur de Baroche est d'être mort un an trop
tard. Le spectacle de la décadence et de la chute
du gouvernement qu'il avait servi ne lui a pas été
épargné. Je n'ai pas à retracer devant vous, messieurs, les dernières années de l'Empire, les diffi-
cultés croissantes, une courageuse opposition, sans
cesse fortifiée par les élections, l'esprit public deve-
nant de plus en plus rebelle. Trop proche aussi et
surtout trop douloureux serait le tableau des lamen-
tables erreurs commises par l'empereur dans la conduite de nos affaires étrangères, erreurs qui devaient
amener sa perte et compromettre les destinées de la
patrie. Le Mexique, Sadowa, Sedan, c'est là que
devaient aboutir les utopies d'un souverain doué de
plus de générosité que de clairvoyance, et dont la
volonté personnelle, se raidissant et conspirant au
besoin contre celle de ses propres ministres, prétendait substituer à la politique traditionnelle du
pays, qui avait fait son unité et sa grandeur, je ne
sais quelles conceptions chimériques et nuageuses
baptisées du nom pompeux de politique des natio-
nalités. Un an après la retraite de Baroche, en

pleine transformation gouvernementale, alors que la France tentait la curieuse expérience de l'Empire libéral, on apprit la candidature Hohenzollern en Espagne : la guerre de 1870 éclata.

Elle trouva Baroche au déclin de la vie, retiré et fatigué de la politique, triste d'ailleurs, découragé et comme replié sur lui-même depuis la mort d'une fille chérie, qui avait été sa joie et son orgueil domestique. Il sut montrer cependant l'énergie dont presque tous manquaient à cette heure tragique, et sa voix fut la seule qui s'éleva dans le Sénat, après le désastre de Sedan, pour conseiller la résistance contre Paris soulevé. « Si la Révolution doit nous « emporter, disait-il, il ne me déplairait pas d'être « frappé dans cette enceinte, ici, sur mon banc. »

C'était une singulière illusion de la part d'un vieux parlementaire comme lui que d'attendre d'une assemblée politique un pareil trait de courage civil. Le Sénat se dispersa de lui-même. Baroche se retira à Jersey. L'exil devait être sa dernière étape ; au moins trouva-t-il dans ce séjour un accueil sympathique, honorable pour lui-même et pour la France vaincue qu'il représentait. On raconte qu'il voulut un jour assister à une audience des magistratures locales pour voir fonctionner la justice anglaise dans son antique et curieux appareil, et que le juge se leva aussitôt, le fit asseoir à ses côtés, rendant ainsi un hommage suprême à celui qui avait été deux fois votre bâtonnier et, pendant six ans, le chef de la magistrature française. Mais il était déjà mortellement atteint. Le 29 octobre 1870, il expirait.

Par une étrange et touchante coïncidence, c'est le lendemain même que son fils aîné, Ernest Baroche, était glorieusement tué à l'ennemi. Puisqu'ils ont été ainsi unis dans la mort, il me sera permis d'associer ici leurs noms.

D'une intelligence brillante et rapide, gentleman accompli, Ernest Baroche s'était lancé dans la vie avec cette fougue un peu excessive, qui ne déplait point chez un jeune homme bien doué dont la nature généreuse promet de s'amender au moment voulu. Lorsque la guerre éclata, il prit immédiatement du service et il était, quand vint le 4 septembre, commandant d'un bataillon de garde mobile. Un décret du gouvernement de la Défense nationale qui décida que les officiers devraient recevoir une nouvelle investiture du suffrage de leurs soldats semblait devoir lui enlever ses fonctions, et il parait que la surprise fut grande, en haut lieu, quand on apprit que l'unanimité de ses hommes avait maintenu dans son commandement le fils du ministre de l'Empire. Ernest Baroche ne voyait dans son grade qu'une occasion de servir plus utilement son pays. « Dans ma situation « et avec le nom que je porte, disait-il, ce n'est pas « mon devoir qu'il faut que je fasse, c'est plus que « mon devoir. » Aussi apprit-il avec joie que son bataillon devait faire partie du corps désigné pour tenter une attaque contre le Bourget. Cette affaire fut, on le sait, une de celles qui jetèrent un dernier rayon de gloire sur nos armes vaincues. Le village fut brillamment pris et repris par nos troupes. Mais bloqués, dans la position conquise, privés de communication avec la place, nos soldats se trouvèrent, le 30 octobre, complètement enveloppés par les ennemis. Sommés de se rendre, ils refusèrent. La résistance fut héroïque; sous un feu terrible, les nôtres disputèrent jusqu'au bout à leurs vainqueurs les rues, les édifices publics, les maisons. Il fallut que l'ennemi employât le canon contre cette poignée de braves. Enfin, les Allemands pénétrèrent dans les ruines fumantes du Bourget. L'un des premiers cadavres qu'ils heurtèrent fut celui du commandant Baroche, mort à la tête de son bataillon, la poitrine trouée par les balles.

Ainsi mourut le fils, le lendemain du jour où le père était mort. Il semble que ce rapprochement suffirait à protéger contre toute atteinte la mémoire de Baroche quand bien même la grandeur et l'éclat de ses services ne lui donneraient pas assez de titres au souvenir du pays et à la justice de l'histoire. Un jour viendra, n'en doutons pas, où tous les Français, lassés de transporter leurs querelles dans l'étude du passé et de se battre, comme on l'a dit, avec les ossements de leurs pères, réconcilieront en quelque sorte dans un culte commun, dans une vénération

égale, les noms de tous ceux qui, avec des drapeaux di-
vers, et sous des cocardes opposées, ont pareillement
servi la France. Tels seront toujours du moins les
sentiments de notre Ordre, qui ne connaît ni l'esprit
d'exclusion, ni celui de rancune, professe le respect
de toutes ses gloires, s'ouvre aux fidèles de tous les
partis, qu'ils soient vaincus ou triomphants, et à qui,
sans que nul d'entre nous, celui qui parle comme les
autres, abdiquât rien de ses préférences ou de ses
ressentiments légitimes, il appartenait bien de rendre un premier hommage public à la mémoire du
bâtonnier Baroche.

Alcan-Lévy, imprimeur de l'Ordre des avocats, 24, rue Chauchat.

www.ingramcontent.com/pod-product-compliance
Ingram Content Group UK Ltd.
Pitfield, Milton Keynes, MK11 3LW, UK
UKHW031735170726
13836UKWH00002B/671